Egbert

為什麼哭?

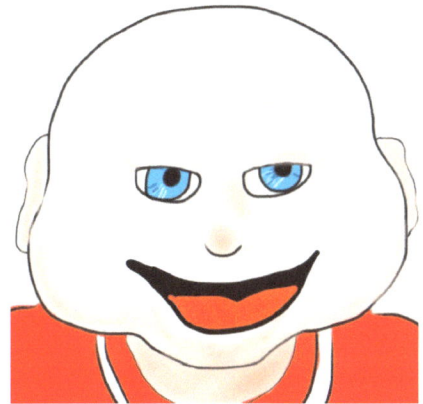

Egbert Wèishénme Kū?

Traditional Character version

by Terry T. Waltz
Published by Squid For Brains
Albany, NY
Copyright ©2014 by Terry T. Waltz

ISBN-10: **0692272305**
ISBN-13:**978-0692272305**

Egbert 跟 Gramma Esther 吃 披薩。
Egbert 不哭。

但是 Egbert 的 爸爸 媽媽 説，
披薩 不好！

Egbert 的 爸爸 跟 Gramma 說：

Gramma Esther ！
Egbert 不想 吃 披薩 ！

Egbert 的 媽媽 跟 Gramma 說：

披薩 不好！

媽媽 也 說：

Egbert 不想 吃 披薩，因為 披薩 不好！

Egbert 哭了！

爸爸 媽媽 跟 Egbert 說 :

Egbert !
你 為什麼 哭 ?

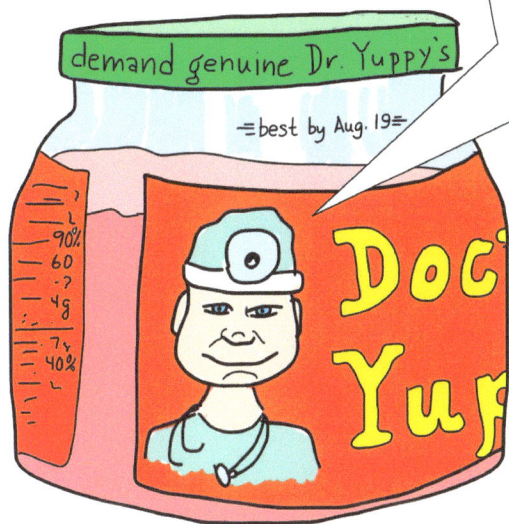

Egbert 不哭了。
Egbert 吃 Dr.
Yuppy's Organic
Pomegranite
Mush。

Egbert 哭了! 他 想吃 Gramma Esther的 披薩。
他 想 跟 Gramma Esther 吃 披薩。他 不想 跟
爸爸 媽媽 吃 mush。

爸爸 跟 Egbert 說:

Egbert!
你
為什麼
哭？

吃 Auntie Carol's Cappucino Cereal!

Auntie Carol's Cappucino Cereal 好！

Auntie Carol's Cappucino Cereal 好吃！

披薩 不好吃！

吃 好吃的 cereal, 好不好？

Egbert 不哭了。
Egbert 吃 Auntie
Carol's Cappucino
Cereal。

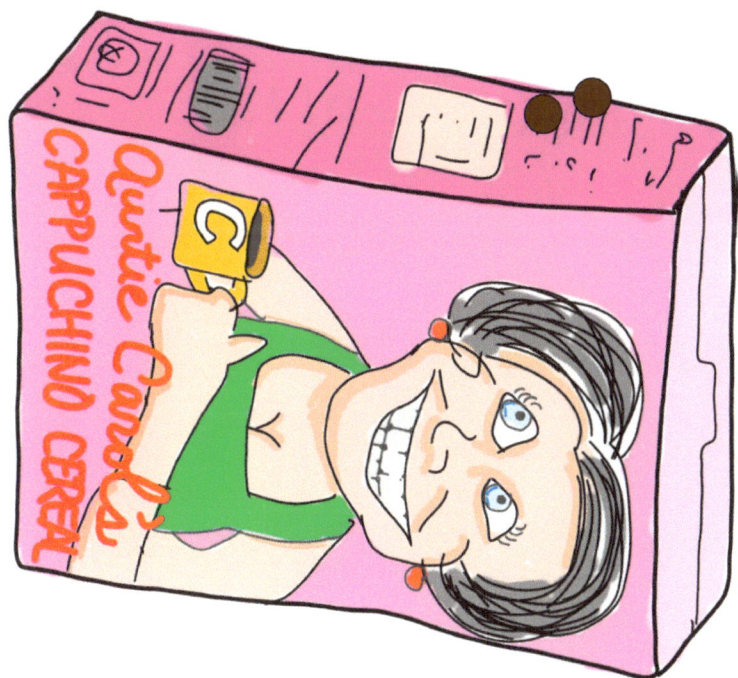

不好吃！

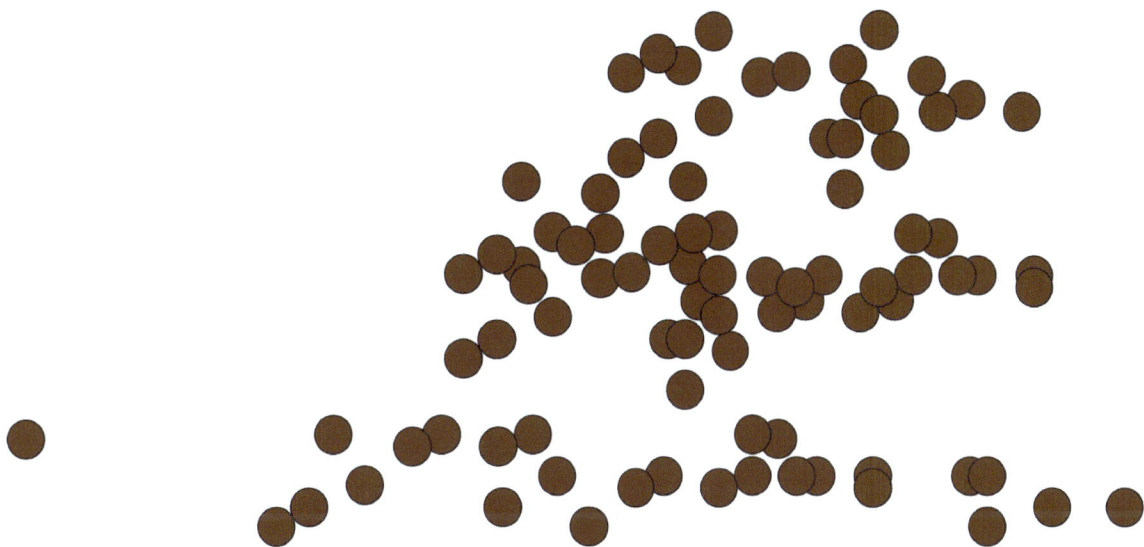

Egbert 不想吃 Auntie Carol's Cappucino Cereal! 他 想 跟 Gramma Esther 吃披薩。

他不想跟爸爸吃 cereal。他也不想跟媽媽吃 mush。

Egbert 哭了！

他的 爸爸
媽媽
也 哭了！

Gramma Esther

跟 他們 說：

不是！
你們 不是
不好的 爸爸
媽媽！ 但是
Egbert 想 跟
Gramma
Esther
吃 披薩。

Gramma Esther 跟 Egbert 的 爸爸 媽媽 跟 Egbert 吃 Dr. Yuppy's Organic Pomegranite Mush。 他們 也 吃 Auntie Carol's Cappuchino Cereal . 他們 也 吃 Gramma Esther 的 披薩。

Egbert 不哭了！

www.ingramcontent.com/pod-product-compliance
Lightning Source LLC
LaVergne TN
LVHW072059070426
835508LV00002B/177